Colette Samson

Alex et Zoé

font le tour du monde

Cahier de lecture

CLE
INTERNATIONAL

Chapitre 1

A l'agence de voyages

Alex et Zoé veulent faire le tour du monde. Ils veulent visiter les pays où on parle français. Mais par où commencer ? Par l'Afrique ? l'Amérique ? l'Asie ? l'Europe ? l'Océanie ? Ils vont dans une agence de voyages[1].

C'est bizarre[2] : dans l'agence, il y a une momie, un ours blanc, un pirate, un vampire, un dragon et une sorcière...

Alex : Bonjour ! Nous voulons faire le tour du monde et visiter les pays où on parle français.

La momie : Bonjour ! Vous voulez voir les pays francophones ? Alors, partez visiter le Moyen-Orient, partez en Egypte ! Vous avez envie de découvrir des secrets ? Alors, allez voir les pyramides[3] : elles ont 5 000 ans de secrets !

Zoé : Mais il y a beaucoup de touristes...

La momie : Vous avez envie d'être seuls ? Alors, nous avons des déserts ! Vous avez envie de nager ? Nous avons la mer ! Envie de bronzer ? Nous avons des plages ! Il fait chaud, le soleil brille en Egypte !

L'ours blanc : Il fait trop chaud en Egypte : partez au Canada ! Partez au Québec. Vous pouvez faire du ski, marcher dans la neige, faire du sport, bouger : le Québec, c'est super ! Vous pouvez aussi pêcher dans les rivières. Vous aimez le poisson ?

Alex : Euh... oui, beaucoup...

L'ours blanc : Alors, partez au Québec !

Le pirate : Non, non, il fait trop froid au Québec. Il neige toujours. Allez aux Antilles ! Il fait toujours beau. Vous avez envie de découvrir des trésors cachés ? Nous avons des trésors dans la mer ! Et puis vous pouvez faire du bateau, bronzer sur la plage, marcher dans la forêt, découvrir des cascades, grimper sur des montagnes...

1. une agence de voyages : un magasin où on vend des voyages.
2. bizarre : étrange.
3. une pyramide :

Le vampire : Les Antilles ? Non ! Pour vivre des aventures, partez en Transylvanie, partez dans mon pays ! Vous avez envie de visiter des châteaux hantés ? De voir des fantômes ? Vous avez envie d'avoir peur ?

Zoé : Oui, un peu, mais... pour rire[4] !

Le vampire : Nos fantômes sont gentils, nos vampires sont très drôles. Vive la Transylvanie !

Le dragon : Non, commencez par l'Asie, par le Cambodge, le Vietnam, le Laos. Chez nous, il n'y a pas de fantômes, il y a des génies : des génies des routes, des villes, des campagnes. Nous avons tous les paysages : des grottes, des plaines, des montagnes, des rivières, des plateaux, des forêts ! Vous aimez manger ? Vous allez manger des fruits, du riz[5], du poisson, du canard, du bœuf, du serpent !

Alex : Je n'aime pas du tout les serpents...

La sorcière : Vous aimez les lions, les éléphants, les girafes ? Vous aimez les animaux et vous aimez prendre des photos ? Alors, partez en Afrique ! Il y a des parcs naturels pour les animaux. Vous avez envie de danser ? Vous avez envie de chanter ? Alors, vous allez adorer l'Afrique !

Alex et Zoé : Merci beaucoup ! Au revoir !

Tous (la momie, l'ours blanc, le pirate, le vampire, le dragon, la sorcière) : Bon voyage !

Question : Par quel pays Alex et Zoé ont commencé, vous le savez ?

4. c'est pour rire : ce n'est pas sérieux.

5. le riz :

Activité 1

Réponds aux questions !

1. Cite quatre pays francophones !

....

2. Qu'est-ce qu'on peut faire en Egypte ?

....

3. Qu'est-ce qu'on peut faire au Canada ?

....

4. Qu'est-ce qu'on peut faire aux Antilles ?

....

5. Tu voudrais faire le tour du monde ? Pourquoi ?

....

Activité 2

Décris le paysage et ce que font les touristes !

Dans ce paysage, il y a une ...., une ...., une ....,

une ...., une .... et une ....

Un touriste ...., un autre ...., un troisième ....,

un autre ...., un cinquième .... et le dernier ....

Chapitre 2

Voir Alex et Zoé, niveau 3, unités 4-5

Un pique-nique dans la jungle

Alex, Zoé, Croquetout et Mamie se promènent dans la jungle. C'est une forêt magnifique. Ils écoutent chanter les oiseaux et les insectes. Ils regardent les papillons danser, ils voient les écureuils jouer. Comme ils sont drôles ! Comme la jungle est belle !

Mais les amis sont un peu fatigués et ils ont envie de manger. Croquetout n'a pas oublié le pique-nique. Il vient de France ! Il y a du camembert, du beurre et des pommes de Normandie ; il y a aussi des frites, de la tarte et des gaufres du Nord ; il y a du bœuf, de la moutarde et des escargots de Bourgogne ; et puis des sardines, du cidre et des crêpes de Bretagne ; il y a des olives, du melon et des pêches de Provence ; et il y a aussi du pain !

Croquetout pose la nourriture sur l'herbe... C'est prêt, à table ! dit Croquetout. Tiens ? Il y a des fourmis...

Mamie a soif. Elle a envie de boire un peu de cidre. Zoé a envie de manger du melon et Alex du camembert. Croquetout, lui, a envie de tout manger ! Mais qu'est-ce que c'est ? Oh, un petit singe rigolo ! Il est très petit : c'est un ouistiti ? Il a faim.

Zoé : Tiens, gentil petit singe ! C'est pour toi !

Zoé lui donne une pomme. Et voilà un oiseau ; lui aussi, il a faim.

Alex : Cet oiseau est intelligent... Il vient manger dans un bon restaurant !

Alex lui donne à manger un escargot. Et là, dans la rivière, qu'est-ce qu'il y a ? Des poissons ?

Mamie : Les poissons sont des animaux doux et timides... Voici du pain pour les poissons !

Parfait ! Mais les amis aussi ont faim. Ils regardent le pique-nique sur l'herbe. Beurk... il y a des fourmis dans le beurre !

Les mouches, les mouches arrivent : elles mangent la tarte ! C'est dégoûtant !

Oh ! Il y a un serpent dans l'herbe ! Quoi ? Il emporte le camembert ?

Aaaaah, une araignée géante... ! Elle mange les olives !

Et là, qu'est-ce que c'est que ces singes idiots ? Ils jouent avec le melon et les pêches...

Et les écureuils ? Ils prennent toutes les pommes !

Mais qu'est-ce que c'est maintenant que ce bruit ? Un crocodile dans la rivière ! Au secours, il va manger Mamie ! Vite, le bœuf et les sardines... il faut les donner au crocodile !

Mais ça n'est pas fini : derrière les arbres, il y a un éléphant très méchant. Il mange les crêpes, les frites et les gaufres... et il boit le cidre !

Ouf ! L'éléphant est parti ; les oiseaux ont fini tous les escargots ; les poissons ont mangé le pain ; le serpent a pris le camembert et l'araignée a emporté les olives ; les singes ont mangé le melon et les pêches ; les écureuils ont mangé les pommes et le crocodile a bien déjeuné...

Les amis sortent de la jungle, très fâchés : il n'y a plus rien à boire, il n'y a plus rien à manger. Il reste juste[6] de la moutarde.

Mais qu'est-ce qu'il y a encore ? Au secours : un rhinocéros ! Il aime la moutarde ? Non, il déteste la moutarde. Alors, il est féroce ? Non, il est très gentil, il a juste envie de courir après[7] les amis...

Activité 1

Vrai (V) ou faux (F) ?

A. Les amis regardent les oiseaux danser dans la jungle. ☐

B. Croquetout a oublié le pique-nique. ☐

C. Alex voudrait manger du camembert et Zoé du melon. ☐

D. Zoé donne une pomme à un écureuil. ☐

E. Alex donne un escargot à un oiseau. ☐

F. Pour Mamie, les poissons sont des animaux doux et timides. ☐

6. juste : seulement.
7. après : derrière.

Activité 2

Complète avec *de, du, de la* ou *des* !

1. Pour le pique-nique, il y a ...... camembert, ... moutarde et...... frites.

2. Il n'y a pas ......poulet ?

3. Mamie a envie d'un peu ...... cidre.

4. Zoé a envie de manger ...... melon.

5. Il n'y a plus ...... tarte.

6. Il y a beaucoup ...... fourmis dans le beurre.

Activité 3

Complète les phrases !

Des fourmis ....

sur ....

Un .... emporte

....

Un oiseau ....

....

Un ....

.... une sardine.

Des singes ....

avec ....

Un ....

court après ....

Chapitre 3

Voir Alex et Zoé. niveau 3. unités 6-7

Ratafia part à la chasse

Ratafia est avec ses parents dans son sous-marin le « Nautilus ». Ils regardent la mer : c'est comme dans un aquarium géant ! Au fond, sur le sable, il y a des crabes, des étoiles de mer et de beaux coquillages. Et puis, il y a des poissons de toutes les tailles et de toutes les couleurs : des poissons orange, bleus, jaunes, noirs, rouges et violets. Ils se cachent dans les coraux et dans les algues vertes et brunes.

Tiens, voilà une tortue ! Elle est très grosse ; elle pèse deux cents kilos et mesure deux mètres de long ! Ratafia sait maintenant nager. Elle a envie de faire de la plongée et d'aller à la chasse à la tortue de mer. Elle adore chasser... Elle sort du sous-marin.

Qu'est-ce que c'est que ce petit poisson ? Ratafia voudrait l'attraper[8] mais... il vole ? C'est un poisson volant !

Bon, le poisson est parti, mais où est la tortue ? Elle se cache là, à droite derrière les coraux ? Ratafia va voir, mais derrière les coraux, il y a un requin ! Il mesure au moins dix mètres de long et pèse cinq tonnes. C'est un requin blanc.... Les requins blancs sont féroces ! Oh là là, Ratafia rentre vite dans le sous-marin : pas de chasse à la tortue pour aujourd'hui...

Ratafia demande à ses parents : On peut partir vers le nord et aller à la chasse sur la banquise ?

Vampirello et Mortadella : Bon, d'accord ! Allons découvrir la banquise, les aurores boréales et le soleil de minuit !

Ratafia : Découvrir les aurores boréales ? Non, moi je veux aller à la chasse aux phoques, aux ours blancs et aux caribous !

Le sous-marin arrive bientôt dans le Grand Nord. Dans la mer, on voit maintenant des phoques...

Ratafia : Oh, non ! Ces phoques sont plus rapides que mon sous-marin. Au-dessus de nous, il y a un comme un tapis blanc : c'est la banquise. Génial ! Nous allons sortir pour chasser.

8. attraper : prendre.

Ah ! Ah ! J'adore la chasse ! Je mets mon anorak, mon écharpe, mon bonnet et des gants : il fait très froid dans le Grand Nord !

Ratafia et ses parents sortent du « Nautilus ». Ils ont pris des skis et des raquettes à neige pour marcher sur la banquise. Ils voient une petite maison sur la glace. Devant la maison, il y a une motoneige. Il y a aussi des chiens ; ils n'ont pas peur du froid : ils dorment sur la banquise. Ratafia, Vampirello et Mortadella arrivent devant la maison et regardent par la fenêtre. Ça alors ! Il y a un ours blanc, un phoque et un caribou : ils jouent aux cartes ! L'ours blanc sort de la maison. C'est un ours blanc géant. Il mesure au moins trois mètres de haut.

L'ours blanc : Bonjour ! Vous êtes des chasseurs ?

Ratafia : Euh... non, non pas du tout. Nous ne voulons pas du tout chasser. Nous adorons les animaux.

L'ours blanc : Parfait ! D'ailleurs ici, les animaux sont protégés. Vous ne pouvez pas les chasser.

Ratafia : Vous savez, j'adore les phoques : ils sont si drôles. J'aime beaucoup les caribous : ils sont intelligents ; et les ours ? Ils sont... euh... magnifiques !

L'ours blanc : Ah oui, vraiment ? Alors, je vais vous apprendre à « faire » du traîneau à chiens. C'est un sport fatigant, mais c'est plus rapide que le ski ou les raquettes à neige ! Vous allez vite rentrer chez vous...

Activité 1

Vrai (V) ou faux (F) ?

A. Ratafia veut aller à la chasse aux crabes et aux étoiles de mer. ☐

B. Un requin se cache derrière les coraux. ☐

C. Le sous-marin part vers la banquise. ☐

D. Les parents de Ratafia veulent voir des aurores boréales. ☐

E. Ratafia et ses parents prennent une motoneige pour skier sur la glace. ☐

F. Ils « font » du traîneau à chiens pour rentrer chez eux. ☐

Activité 2

Colorie les poissons en bleu et en orange, les coraux en rouge, la tortue en vert, les algues en marron, le coquillage en blanc, l'étoile de mer en rose, le crabe en jaune et le sable en gris !
Puis complète le texte avec *ce*, *cette*, ou *ces* et les adjectifs de couleur !

1. Regarde . . . . . poissons ! Ils sont . . . . et . . . .

2. . . . . . . tortue . . . . se cache derrière . . . . . coraux . . . .

3. . . . . . crabe . . . . dort sur le sable . . . .

4. . . . . . algues . . . . dansent avec . . . . . étoile de mer . . . .

5. Et . . . . . coquillage . . . . ? Il rêve d'une plage au soleil !

Activité 3

Ecris les noms des sports que tu connais en français !

1. la plongée sous-marine

2. la raquette à neige

3. . . . .

4. . . . .

5. . . . .

6. . . . .

7. . . . .

8. . . . .

9. . . . .

10. . . . .

11. . . . .

12. . . . .

13. . . . .

14. . . . .

etc.

Chapitre 4

L'interview

Alex et Zoé sont célèbres : ils font le tour du monde ! Un journaliste vient les interviewer.

Le journaliste : Bonjour Alex, bonjour Zoé ! Vous venez de France ?

Zoé : Oui, et nous avons apporté des cadeaux de Paris, de Lyon, de Marseille...

Le journaliste : Marseille ?

Alex : Marseille est une ville du midi de la France. Elle est célèbre pour son savon et pour sa « pétanque ».

Le journaliste : La « pétanque », qu'est-ce que c'est ?

Zoé : C'est un jeu avec des boules. On les lance vers une boule plus petite, le « cochonnet ».

Le journaliste : Et à Lyon... il y a des lions ? Ah ! Ah !

Alex : Euh... oui, au zoo ! Mais c'est surtout la ville de « Guignol », une marionnette, et... de la bonne cuisine. Lyon est la deuxième ville de France après Paris.

Zoé : De Paris, nous avons apporté du parfum, parce que c'est la ville des parfums et de la mode. Mais on la connaît aussi pour ses musées et ses monuments.

Alex (montre des cartes postales) : Nous avons aussi des cartes postales de Corse avec des maisons tout en haut des montagnes ; voici des photos d'Auvergne et des volcans ; et ici ce sont les châteaux de la Loire. Regardez comme ils sont beaux : ce sont des châteaux de contes de fées !

Le journaliste : Il y a des fées dans les châteaux de la Loire ?

Zoé : Non... il y a longtemps c'étaient des résidences de chasse pour les rois et les princes.

Alex : Voilà aussi des photos d'Alsace, le pays de la cigogne.

Le journaliste : La cigogne ?

Zoé : La cigogne est un grand oiseau blanc et noir ; elle vole sur des milliers de kilomètres entre l'Europe et l'Afrique. Elle aussi fait le tour du monde !

Alex : Notre voyage est un vrai roman d'aventures...

Le journaliste : Vous êtes un peu des touristes ?

Zoé : Non, non, pas seulement ! Nous traversons des forêts, des montagnes, des cascades, des rivières : nous sommes des explorateurs !

Alex : Nous trouvons des alphabets dans des grottes : nous sommes des archéologues !

Zoé : Nous soignons des éléphants et des caribous : nous sommes des vétérinaires !

Alex : Nous faisons de la plongée dans les coraux des lagons : nous sommes des acrobates !

Zoé : Nous visitons des sous-marins mystérieux : nous sommes des détectives...

Alex : Nous faisons du ski sur la banquise : nous sommes des champions !

Zoé : Nous montons dans des fusées et nous traversons les galaxies : nous sommes des astronautes !

Le journaliste : Vous êtes des explorateurs, des archéologues, des vétérinaires, des acrobates, des détectives, des champions de ski, des astronautes... Ah, ah, super ! Au revoir, à bientôt !

Le journaliste s'en va. Alex et Zoé sont plutôt[9] fâchés.

Zoé (à Alex) : Il est vraiment idiot ce journaliste, tu ne trouves pas ?

Activité 1

Vrai (V) ou faux (F) ?

A. Alex et Zoé ont apporté des cadeaux de France. ☐

B. La pétanque est un jeu de cartes. ☐

C. La cigogne est un oiseau noir et blanc : son pays c'est la Corse. ☐

D. Il y a des volcans en Auvergne et des châteaux au bord de la Loire. ☐

E. Alex et Zoé vivent des aventures extraordinaires. ☐

F. Zoé trouve le journaliste génial. ☐

9. plutôt : assez.

Activité 2

Complète avec *de, d', du, de la* ou *des* !

1. J'ai apporté des cadeaux ...... France : il y a ...... parfum ...... Paris.

2. Marseille, dans le midi ...... France, est la ville ...... savon et ...... pétanque.

3. Voici des photos ...... Alsace. C'est le pays ...... cigognes.

4. Les châteaux ...... Loire sont des châteaux ...... contes ...... fées.

5. La Corse est le pays ...... châtaignes et ...... fromage.

6. Sur les photos ...... Auvergne, on voit le Parc national ...... volcans.

Activité 3

Décris les images !

C'est une ....

Elle explore ....

C'est un ....

Il découvre ....

C'est une ....

Elle ....

C'est un ....

Il ....

C'est une ....

Elle est la plus ...... !

C'est un ....

Il .... vers la Lune.

Chapitre 5

Voir Alex et Zoé, niveau 3, unités 10-11-12

Les héros du volcan

Ce soir, Zoé, Alex, Mamie et Croquetout sont heureux mais fatigués ! Ils ont vécu aujourd'hui une aventure sensationnelle !

Ce matin, les amis sont partis en ballon pour voir les animaux de la savane boire à la rivière. Ils ont volé au-dessus des forêts et des plaines. Ils sont passés juste au-dessus d'un baobab, le plus grand, le plus fort des arbres. Arrivés au-dessus de la rivière, ils ont vu des lions et des éléphants. Mais ils n'ont pas vu de crocodiles et d'hippopotames : ils étaient cachés dans l'eau !

À midi, ils ont déjeuné dans la nacelle du ballon : c'était un peu petit, mais c'était drôle ! Ensuite, ils sont arrivés au-dessus d'un volcan. Sous les volcans, à l'intérieur de la Terre, il y a des laves, comme une mer de feu. Mais là, tout était calme[10] : il y avait juste un petit nuage au sommet de la montagne. Dans le cratère, il y avait de gros cailloux noirs et jaunes, et entre les cailloux il y avait des fleurs !

− Oh ! Ces cailloux sont extraordinaires ! Je voudrais commencer une nouvelle collection ! a dit Alex.

− Moi, je voudrais regarder les fleurs ! a dit Zoé.

− Et moi, je voudrais prendre des photos ! a dit Mamie.

Croquetout a posé le ballon au milieu du cratère. Les amis sont sortis de la nacelle et ont commencé à explorer le volcan. Alex a cherché des cailloux. Zoé a observé[11] les fleurs. Mamie a pris des photos. Mais Alex a trouvé des serpents sous les cailloux, Zoé a découvert des araignées dans les fleurs et l'appareil photo de Mamie est tombé dans le sable. Oh là là...

Ensuite, le volcan a bougé. Une première fois... puis une deuxième... Et tout à coup, il s'est réveillé ! Une pluie de pierres s'est échappée du cratère. Elle est retombée tout autour avec des nuages de gaz.

10. calme : tranquille.
11. observer : regarder.

Alors, les amis ont couru vers le ballon. Ils ont sauté dans la nacelle. Croquetout a fait remonter le ballon à toute vitesse ! Il n'y avait pas de temps à perdre : le volcan a craché[12] des cascades de lave rouge et noire. C'était un spectacle magnifique, mais très dangereux. Les amis ont été courageux, ils n'ont pas eu peur des gaz et des pierres. Ils sont passés au-dessus du volcan en feu. Ouf, ils étaient sauvés !

Maintenant, il fait nuit. Croquetout a posé le ballon à côté du baobab. Perchés[13] sur ses branches, il y a des enfants : ils sont venus voir les amis et écouter un musicien. Le musicien arrive et s'assoit sous le grand arbre : souvent, il chante l'histoire des héros de son pays. Mais ce soir, le musicien chante l'histoire de Zoé, d'Alex, de Croquetout et de Mamie, les « héros du volcan » !

Activité 1

Vrai (V) ou faux (F) ?

A. Ce matin, les amis ont traversé la savane en ballon. ☐

B. Après le déjeuner, ils sont arrivés au-dessus d'une rivière. ☐

C. Dans la rivière, il n'y avait pas de crocodiles et d'hippopotames. ☐

D. Croquetout a posé le ballon sur un volcan. ☐

E. Les amis sont descendus dans le cratère. ☐

F. Dedans, ils ont découvert des serpents et des araignées. ☐

12. cracher :

13 : perchés : assis sur l'arbre.

Activité 2

Complète les phrases avec *beau, bel, belle, beaux* ou *belles* !

1. Regarde ce *bel* arbre : c'est un baobab.

2. Il est au bord d'une .... rivière.

3. Un .... oiseau est perché sur l'arbre.

4. De .... éléphants jouent et nagent.

5. Il y a aussi de .... fleurs.

6. Au fond, il y a un .... volcan.

7. Devant le volcan, il y a une .... forêt.

8. Voilà un bien .... paysage !

Activité 3

Complète en t'aidant du texte !

1. Les amis (voler) *ont volé* en ballon au-dessus de la savane.

2. Ils (passer) .... au-dessus d'une rivière et d'un baobab.

3. Puis, ils (voir) .... un volcan.

4. Croquetout (poser) .... le ballon au milieu du volcan.

5. Les amis (sortir) .... du ballon.

6. Ils (commencer) .... à explorer le cratère.

7. Alex (trouver) .... des cailloux... et des serpents !

8. Zoé (découvrir) .... des fleurs... et des araignées !

9. Mais le volcan (se réveiller) .... tout à coup.

10. Une cascade de lave (s'échapper) .... du cratère.

11. Les amis (courir) .... vers la nacelle pour s'enfuir.

12. Ils n'(avoir) .... pas .... peur : ce sont des héros !

Voir Alex et Zoé, niveau 3, unités 13-14-15

Au studio de télévision

Les amis sont rentrés chez eux. Après ce tour du monde, ils ont beaucoup d'aventures et de souvenirs à raconter ! Ils sont invités à une émission de télévision sur TF1 : « Portraits de stars ». C'est fantastique ! Grâce à leurs voyages extraordinaires, Alex, Zoé, Mamie et Croquetout sont des stars !

Ils arrivent au studio. Leurs vieux amis Loulou, Basile et Rodolphe sont déjà là. La présentatrice de l'émission invite tout le monde à s'asseoir sur un sofa. Il y a des coussins, une petite table avec des verres, du thé, des jus de fruits et des... gâteaux ! Croquetout s'assoit et goûte à un gâteau : Miam, c'est un petit gâteau au miel !

La présentatrice de l'émission : Bonsoir, chers téléspectateurs ! Voici notre émission en direct : « Portraits de stars ». Ce soir, nos stars sont Alex, Zoé, Mamie et Croquetout. Ils ont fait le tour du monde des pays francophones ! Ils sont venus nous voir avec leurs amis Loulou, le petit loup, Basile le chat et Rodolphe le dragon. Mamie, vous avez exploré la Terre, vous avez exploré les mers ?

Mamie : Oui, nous avons traversé le désert, la jungle, la banquise, la savane et même le centre de la Terre !

Alex : Nous avons vécu des aventures sensationnelles !

Zoé : Nous avons trouvé une grotte mystérieuse avec un squelette ; nous avons traversé la jungle à dos d'éléphant ; nous sommes partis en fusée vers la Lune !

Croquetout : Nous avons même été invisibles !

La présentatrice : Lucky Luke, Tintin ou les Schtroumpfs sont des héros ! Vous êtes comme eux ! Vous êtes des héros de bande dessinée !

Alex : Euh... oui ! Mais je ne veux pas être seulement un héros de bande dessinée ; je veux être acteur. Je veux jouer dans un film d'aventures !

Loulou : Moi, je voudrais jouer dans un dessin animé le rôle du Grand méchant loup !

Rodolphe : Je peux jouer le Petit Chaperon rouge avec toi ?

Loulou : Non, ça ne va pas aller...

Basile : Je rêve de jouer dans un film comique !

Croquetout : Moi, je n'ai pas envie d'être acteur. Je veux présenter des recettes de cuisine à la télévision !

Zoé : Et moi, je voudrais présenter le journal télévisé !

Mamie : Je peux faire un documentaire sur les éléphants ?

La présentatrice : Euh... oui, oui, bien sûr...

En coulisse, on entend des cris : Moi aussi, je suis une star ! C'est moi qui ai vécu les aventures les plus extraordinaires et les plus dangereuses ! Laissez-moi passer !

La présentatrice : C'est qui ?

Alex : C'est Ratafia ! Elle est venue avec Vampirello et Mortadella, ses parents...

Ratafia : Moi aussi, je veux faire du cinéma ! Je veux jouer dans un film fantastique : le rôle d'une petite vampire très gentille, très rigolote !

Tous (très surpris) : Ça alors !

La présentatrice (tout à coup très fatiguée) : Bon, euh... Merci beaucoup. Chers téléspectateurs, c'était notre émission en direct « Portraits de stars ». Bonsoir à tous et à bientôt !

Activité 1

Vrai (V) ou faux (F) ?

A. Grâce à leurs aventures sensationnelles, les quatre amis sont des stars. ☐

B. Dans le studio de télévision, on sert du thé et des gâteaux au miel aux invités. ☐

C. Alex rêve de faire du cinéma. ☐

D. Croquetout veut jouer le rôle du Petit Chaperon rouge. ☐

E. Zoé voudrait présenter des jeux télévisés. ☐

F. Ratafia veut jouer le rôle d'une petite momie très gentille, très rigolote ! ☐

Activité 2

Complète les phrases avec *ont* ou *sont* :

1. Alex, Zoé, Mamie et Croquetout . . . . partis faire le tour du monde.

2. Ils . . . . exploré la Terre.

3. Ils . . . . traversé la jungle, la banquise et la savane.

4. Ils . . . . passés en ballon au-dessus des forêts et des déserts.

5. Les quatre amis . . . . vécu des aventures extraordinaires.

6. Ils . . . . maintenant rentrés à la maison.

7. Loulou, Basile et Rodolphe . . . . venus les voir au studio de télévision.

8. Aujourd'hui, ils . . . . raconté leurs souvenirs.

Activité 3

Complète les questions avec *Pourquoi... ? Comment... ? Où... ? Qui...?* ou *Qu'est-ce qu(e)... ?*
Puis réponds aux questions !

1. . . . . il y a sur la table du studio ?

. . . .

2. . . . . Alex et Zoé ont trouvé un squelette ?

. . . .

3. . . . . ils ont traversé la jungle ?

. . . .

4. . . . . sont Lucky Luke, Tintin et les Schtroumpfs ?

. . . .

5. . . . . Ratafia veut faire du cinéma ?

. . . .

Activité 4

Réponds !

1. Quand est-ce que tu regardes la télévision ?
Tous les jours ? Le lundi ? Le mardi ? etc.

....

2. Où est-ce que tu la regardes ? Dans la salle de
séjour ? Dans ta chambre ? Dans la cuisine ? etc.

....

3. Qu'est-ce que tu regardes ? Les films ?
Les jeux ? Le sport ? Le journal télévisé ? etc.

....

4. Pourquoi est-ce que tu regardes la télévision ?
Parce que c'est intéressant ? Parce que tu n'as pas
envie de bouger ? Parce que tu ne veux pas faire
tes devoirs ? Parce que tu aimes la « télé » ?

....

Activité 5

Tu te souviens de toutes les histoires de ce cahier de lecture ? Alors, réponds !

1. Dans l'agence de voyages, qui propose[14] à Alex et Zoé de partir en Egypte ?

....

2. Dans la jungle, pourquoi les amis n'ont plus rien à boire et plus rien à manger ?

....

3. Qu'est-ce que Ratafia et ses parents apprennent à faire sur la banquise ?

....

4. Quelles cartes postales Alex montre au journaliste ?

....

5. Où Croquetout a d'abord posé le ballon ?

....

14. propose : dit.

Corrigés des activités

Activité 1 : *Réponses possibles :* 1. L'Égypte, le Maroc, la Tunisie, l'Algérie, le Canada (le Québec), le Cambodge, le Vietnam, le Laos, le Mali, le Sénégal, la Roumanie, la Bulgarie, la Belgique, etc. 2. En Égypte, on peut visiter les pyramides, traverser le désert, nager dans la mer, etc. 3. Au Canada, on peut faire du ski, marcher dans la neige, faire du sport, etc. 4. Aux Antilles, on peut faire du bateau, bronzer sur la plage, découvrir des cascades, grimper dans des montagnes, etc. 5. Pour découvrir des paysages, rencontrer de nouveaux amis, vivre des aventures extraordinaires, etc.

Activité 2 : Dans ce paysage, il y a une montagne, une rivière, une cascade, une forêt, une grotte et une plage. Un touriste bronze (sur la plage), un autre fait du ski (dans la montagne), un troisième pêche (dans la cascade), un autre explore (une grotte), un cinquième marche (dans la forêt) et le dernier nage (dans la rivière).

Chapitre 2
Activité 1 : A = faux, B = faux, C = vrai, D = faux, E = vrai, F = vrai.

Activité 2 : 1. Pour le pique-nique, il y a du camembert, de la moutarde et des frites. - 2. Il n'y a pas de poulet ? - 3. Mamie a envie d'un peu de cidre. - 4. Zoé a envie de manger du melon. - 5. Il n'y a plus de tarte. - 6. Il y a beaucoup de fourmis dans le beurre.

Activité 3 : 1. Des fourmis dansent sur le (du) beurre. - 2. Un serpent emporte le camembert (un fromage). - 3. Un oiseau mange un escargot. - 4. Un crocodile pêche une sardine. - 5. Des singes jouent avec un melon. - 6. Un rhinocéros court après une tortue.

Chapitre 3
Activité 1 : A = faux, B = vrai, C = vrai, D = vrai, E = faux, F = vrai.

Activité 2 : 1. Regarde ces poissons ! Ils sont bleus et orange. - 2. Cette tortue verte se cache derrière ces coraux rouges. - 3. Ce crabe jaune dort sur le sable gris. - 4. Ces algues marron dansent avec cette étoile de mer rose. - 5. Et ce coquillage blanc ? Il rêve d'une plage au soleil !

Activité 3 : 1. la plongée sous-marine. - 2. la raquette à neige. - 3. le rafting. - 4. le hockey sur glace. - 5. le ski. - 6. le traîneau à chiens. - 7. le tennis. - 8. le football. - 9. l'escalade. - 10. la voile. - 11. le roller. - 12. le cheval. - 13. le judo. - 14. le vélo. Etc.

Chapitre 4
Activité 1 : A = vrai, B = vrai, C = faux, D = vrai, E = vrai, F = faux.

Activité 2 : 1. J'ai apporté des cadeaux de France : il y a du parfum de Paris. - 2. Marseille, dans le midi de la France, est la ville du savon et de la pétanque. - 3. Voici des photos d'Alsace. C'est le pays des cigognes. - 4. Les châteaux de la Loire sont des châteaux de contes de fées. - 5. La Corse est le pays des châtaignes et du fromage. - 6. Sur les photos d'Auvergne, on voit le Parc national des volcans.

Activité 3 : 1. C'est une exploratrice. Elle explore la forêt (la jungle). - 2. C'est un archéologue. Il découvre un alphabet (ancien) (une écriture ancienne). - 3. C'est une vétérinaire. Elle soigne un chat. - 4. C'est un acrobate. Il jongle sur un ballon. - 5. C'est une championne (de ski). Elle est la plus rapide (forte) ! - 6. C'est un astronaute. Il vole (va) vers la Lune.

Corrigés des activités (suite et fin)

Chapitre 5

Activité 1 : A = vrai, B = faux, C = faux, D = vrai, E = vrai, F = vrai.

Activité 2 : 1. Regardez ce bel arbre : c'est un baobab. - 2. Il est au bord d'une belle rivière. - 3. Un bel oiseau est perché sur l'arbre. - 4. De beaux éléphants jouent et nagent. - 5. Il y a aussi de belles fleurs. - 6. Au fond, il y a un beau volcan. - 7. Devant le volcan, il y a une belle forêt. - 8. Voilà un bien beau paysage !

Activité 3 : 1. Les amis ont volé en ballon au-dessus de la savane. - 2. Ils sont passés au-dessus d'une rivière et d'un baobab. - 3. Puis ils ont vu un volcan. - 4. Croquetout a posé le ballon au milieu du volcan. - 5. Les amis sont sortis du ballon. - 6. Ils ont commencé à explorer le cratère. - 7. Alex a trouvé des cailloux... et des serpents ! - 8. Zoé a découvert des fleurs... et des araignées ! - 9. Mais le volcan s'est réveillé tout à coup. - 10. Une cascade de lave s'est échappée du cratère. - 11. Les amis ont couru vers la nacelle pour s'enfuir. - 12. Ils n'ont pas eu peur : ce sont des héros !

Activité 1 : A = vrai, B = vrai, C = vrai, D = faux, E = faux, F = faux.

Activité 2 : 1. Alex, Zoé, Mamie et Croquetout sont partis faire le tour du monde. - 2. Ils ont exploré la Terre. - 3. Ils ont traversé la jungle, la banquise et la savane. - 4. Ils sont passés en ballon au-dessus des forêts et des déserts. - 5. Les quatre amis ont vécu des aventures extraordinaires. - 6. Ils sont maintenant rentrés à la maison. - 7. Loulou, Basile et Rodolphe sont venus les voir au studio de télévision. - 8. Aujourd'hui, ils ont raconté leurs souvenirs.

Activité 3 : 1. Qu'est-ce qu'il y a sur la table du studio ? Il y a des verres, du thé, des jus de fruits et des gâteaux (au miel). - 2. Où Alex et Zoé ont trouvé un squelette ? (Ils ont trouvé un squelette) dans une grotte mystérieuse. - 3. Comment ils ont traversé la jungle ? (Ils ont traversé la jungle) à dos d'éléphant. - 4. Qui sont Lucky Luke, Tintin et les Schtroumpfs ? Ce sont des héros de bande dessinée. - 5. Pourquoi Ratafia veut faire du cinéma ? (Elle veut faire du cinéma) parce qu'elle veut jouer le rôle d'une petite vampire très gentille et très rigolote.

Activité 4 : *Exemples de réponses* : 1. Je regarde la télévision un peu tous les jours. - 2. Je la regarde dans la salle de séjour. - 3. Je regarde les films comiques, les documentaires et les divertissements. - 4. Parce que je trouve ces émissions ou ces films drôles et intéressants.

Activité 5 : *Réponses possibles* : 1. La momie propose (dit) à Alex et Zoé de partir en Égypte. - 2. Parce que tous les animaux de la jungle ont mangé le pique-nique. (Parce que les animaux ont tout bu et tout mangé.) - 3. Ils apprennent à « faire » du traîneau à chiens. - 4. Il montre au journaliste des cartes postales (des maisons) de Corse, (des volcans) d'Auvergne, des châteaux de la Loire et (des photos) d'Alsace. - 5. Croquetout a d'abord posé le ballon au milieu du cratère d'un volcan.

Vocabulaire (par ordre alphabétique)

- La page où le mot apparaît pour la première fois est indiquée entre parenthèses.
- Les adjectifs sont suivis de leur terminaison au féminin.
- Les noms employés plutôt au « partitif » (*du pain*) ou désignant un élément particulier (*la France, la pétanque*, etc.) sont précédés de l'article défini.

à, au, aux (p. 3)	une bande dessinée (p. 23)	célèbre (p. 15)	dangereux(se) (p. 20)
(d') accord ! (p. 11)	une banquise (p. 11)	cent (p. 11)	dans (p. 3)
un(e) acrobate (p. 16)	un baobab (p. 19)	le centre (p. 23)	danser (p. 4)
un acteur (p. 23)	un bateau (p. 4)	une chambre (p. 26)	de (p. 3)
adorer (p. 4)	beau (belle) (p. 3)	un champion (p. 16)	découvrir (p. 3)
l'Afrique (p. 3)	beaucoup (de) (p. 3)	chanter (p. 4)	dedans (p. 20)
une agence (p. 3)	beurk ! (p. 7)	la chasse (p. 11)	dégoûtant(e) (p. 7)
ah ! (p. 7)	le beurre (p. 7)	chasser (p. 11)	déjà (p. 23)
aimer (p. 3)	bien (p. 8)	un chasseur (p. 12)	déjeuner (p. 8)
(d') ailleurs (p. 12)	(à) bientôt (p. 11)	un chat (p. 23)	demander (p. 11)
une algue (p. 11)	bizarre (p. 3)	un château (p. 4)	derrière (p. 8)
aller (p. 3)	blanc(he) (p. 3)	chaud(e) (p. 3)	descendre (p. 20)
alors (p. 3)	bleu(e) (p. 11)	chèr(e) (p. 23)	un désert (p. 3)
un alphabet (p. 16)	le bœuf (p. 4)	chercher (p. 19)	un dessin animé (p. 23)
l'Alsace (p. 15)	boire (p. 7)	chez (p. 4)	(au-) dessus (p. 11)
l'Amérique (p. 3)	bon(ne) (p. 4)	un chien (p. 12)	un détective (p. 16)
un ami (p. 7)	un bonnet (p. 12)	le cidre (p. 7)	détester (p. 8)
un an (p. 3)	bonjour ! (p. 3)	une cigogne (p. 15)	deuxième (p. 15)
un animal(aux) (p .4)	bonsoir ! (p. 23)	le cinéma (p. 24)	devant (p. 12)
un anorak (p. 12)	bouger (p. 3)	un cochonnet (p. 15)	un devoir (p. 26)
les Antilles (p. 3)	une boule (p. 15)	une collection (p. 19)	(en) direct (p. 23)
un appareil photo (p. 19)	la Bourgogne (p. 7)	comme... ! (p. 7)	un documentaire (p. 24)
apporter (p. 15)	une branche (p. 20)	comique (p. 24)	donner (p. 7)
apprendre (p. 12)	la Bretagne (p. 7)	commencer (p. 3)	dormir (p. 12)
après (p. 8)	briller (p. 3)	comment ? (p. 25)	(à) dos (p. 23)
un aquarium (p. 11)	bronzer (p. 3)	connaître (p. 15)	doux(ce) (p. 7)
une araignée (p. 7)	un bruit (p. 8)	un conte (p. 15)	un dragon (p. 3)
un arbre (p. 8)	brun(e) (p. 11)	un coquillage (p. 11)	(à) droite (p. 11)
un archéologue (p. 16)	caché(e) (p. 4)	des coraux (p. 11)	drôle (p. 4)
arriver (p. 7)	se cacher (p. 11)	la Corse (p. 15)	l'eau (p. 19)
l'Asie (p. 3)	un cadeau (p. 15)	(à) côté (p. 20)	s'échapper (p. 19)
s'asseoir (p. 20)	un caillou(x) (p. 19)	une couleur (p. 11)	une écharpe (p. 12)
un astronaute (p. 16)	calme (p. 19)	une coulisse (p. 24)	écouter (p. 7)
attraper (p. 11)	un camembert (p. 7)	courageux(se) (p. 20)	un écureuil (p. 7)
aujourd'hui (p. 11)	le Cambodge (p. 4)	courir (p. 8)	l'Egypte (p. 3)
une aurore (p. 11)	une campagne (p. 4)	un coussin (p. 23)	un éléphant (p. 4)
aussi (p. 3)	le Canada (p. 3)	un crabe (p. 11)	une émission (p. 23)
autour (p. 19)	un canard (p. 4)	cracher (p. 20)	emporter (p. 7)
l'Auvergne (p. 15)	un caribou (p. 11)	un cratère (p. 19)	en (p. 3)
avec (p. 7)	une carte postale (p. 12)	une crêpe (p. 7)	encore (p. 8)
une aventure (p. 4)	une carte (p. 15)	un cri (p. 24)	un enfant (p. 20)
avoir (p. 3)	une cascade (p. 4)	un crocodile (p. 8)	s'enfuir (p. 21)
un ballon (p. 17)	ce, cet(te), ces (p. 7)	une cuisine (p. 15)	ensuite (p. 19)

entendre (p. 24)	un génie (p. 4)	une lave (p. 19)	mystérieux(se) (p. 16)
entre (p. 15)	gentil(le) (p. 4)	un lion (p. 4)	une nacelle (p. 19)
(une) envie (p. 3)	une girafe (p. 4)	la Loire (p. 15)	nager (p. 3)
un escargot (p. 7)	la glace (p. 12)	(de) long (p. 11)	naturel(le) (p. 4)
et (p. 3)	goûter (p. 23)	longtemps (p. 15)	ne... pas (de) (p. 4)
une étoile de mer (p. 11)	grâce (à) (p. 23)	un loup (p. 23)	la neige (p. 3)
être (p. 3)	grand(e) (p. 11)	Lucky Luke (p. 23)	neiger (p. 3)
euh... (p. 3)	grimper (p. 4)	la Lune (p. 23)	noir(e) (p. 11)
l'Europe (p. 3)	gris(e) (p. 13)	Lyon (p. 15)	non (p. 3)
un explorateur (p. 16)	gros(se) (p. 11)	magnifique (p. 7)	le « Nautilus » (p. 11)
explorer (p. 17)	une grotte (p. 4)	maintenant (p. 8)	le nord (p. 7)
extraordinaire (p. 16)	Guignol (p. 15)	mais (p. 3)	la Normandie (p. 7)
fâché(e) (p. 8)	hanté(e) (p. 4)	une maison (p. 12)	une nourriture (p. 7)
faim (p. 7)	(de/en) haut (p. 12)	manger (p. 4)	nouveau(elle) (p. 19)
faire (p. 3)	l'herbe (p. 7)	marcher (p. 3)	un nuage (p. 19)
fantastique (p. 23)	un héros (p. 19)	une marionnette (p. 15)	une nuit (p. 20)
un fantôme (p. 4)	heureux(se) (p. 19)	marron (p. 13)	observer (p. 19)
fatigant(e) (p. 12)	un hippopotame (p. 19)	Marseille (p. 15)	l'Océanie (p. 3)
fatigué(e) (p. 7)	une histoire (p. 20)	un matin (p. 19)	oh ! (p. 7)
il faut (p. 8)	ici (p. 12)	méchant(e) (p. 8)	un oiseau(x) (p. 7)
une fée (p. 15)	il y a (p. 3)	un melon (p. 7)	une olive (p. 7)
une fenêtre (p. 12)	idiot(e) (p. 7)	même (p. 23)	on (p. 3)
féroce (p. 8)	un insecte (p. 7)	la mer (p. 3)	orange (p. 11)
un feu (p. 19)	intelligent(e) (p. 7)	merci ! (p. 4)	où ? (p. 3)
un film (p. 23)	intéressant (p. 26)	mesurer (p. 11)	oublier (p. 7)
finir (p. 8)	(à) l'intérieur (p. 19)	un mètre (p. 11)	ouf ! (p. 8)
une fleur (p. 19)	interviewer (p. 15)	mettre (p. 12)	oui (p. 3)
une fois (p. 19)	invisible (p. 23)	midi (p. 15)	un ouistiti (p. 7)
(au) fond (p. 11)	inviter (p. 23)	le miel (p. 23)	un ours (p. 3)
une forêt (p. 4)	jaune (p. 11)	(au) milieu (p. 19)	le pain (p. 7)
fort(e) (p. 19)	un jeu (p. 15)	un millier (p. 15)	un papillon (p. 7)
une fourmi (p. 7)	jongler (p. 17)	minuit (p. 11)	par (p. 3)
le français (p. 3)	jouer (p. 7)	la mode (p. 15)	un parc (p. 4)
la France (p. 7)	un jour (p. 26)	une momie (p. 3)	parce que (p. 15)
francophone (p. 3)	un journal (p. 24)	mon, ma, mes (p. 4)	un parent (p. 11)
une frite (p. 7)	un(e) journaliste (p. 15)	(au) moins (p. 11)	parfait ! (p. 7)
froid(e) (p. 3)	une jungle (p. 7)	une montagne (p. 4)	un parfum (p. 15)
un fruit (p. 4)	un jus (p. 23)	monter (p. 16)	Paris (p. 15)
une fusée (p. 16)	juste (p. 8)	montrer (p. 15)	parler (p. 3)
une galaxie (p. 16)	un kilo (p. 11)	un monument (p. 15)	partir (p. 3)
un gant (p. 12)	un kilomètre (p. 15)	une motoneige (p. 12)	pas (du tout) (p. 4)
un gâteau(x) (p. 23)	là (p. 11)	une mouche (p. 7)	passer (p. 19)
une gaufre (p. 7)	un lagon (p. 16)	la moutarde (p. 7)	un pays (p. 3)
un gaz (p. 19)	laisser (p. 24)	le Moyen-Orient (p. 3)	un paysage (p. 4)
géant(e) (p. 7)	lancer (p. 15)	un musée (p. 15)	une pêche (p. 7)
génial(e) (p. 11)	le Laos (p. 4)	un musicien (p. 20)	pêcher (p. 3)

perché(e) (p. 20)	quel(le) ? (p. 4)	(au) secours ! (p. 8)	tomber (p. 19)
perdre (p. 20)	qu'est-ce que ? (p. 7)	un secret (p. 3)	une tonne (p. 11)
peser (p. 11)	une question (p. 4)	un séjour (p. 26)	une tortue (p. 11)
la pétanque (p. 15)	qui ? (p. 24)	sensationnel(le) (p. 19)	toujours (p. 3)
petit(e) (p. 7)	quoi ? (p. 7)	un serpent (p. 4)	le tour du monde (p. 3)
un peu (p. 4)	raconter (p. 23)	seul(e) (p. 3)	un(e) touriste (p. 3)
une peur (p. 4)	rapide (p. 11)	seulement (p. 8)	tout, tous (p. 4)
un phoque (p. 11)	une raquette (p. 12)	un singe (p. 7)	tout à coup (p. 19)
une photo (p. 4)	une recette (p. 24)	un ski (p. 3)	un traîneau (p. 12)
une pierre (p. 19)	regarder (p. 7)	un sofa (p. 23)	la Transylvanie (p. 4)
un pique-nique (p. 7)	remonter (p. 20)	soif (p. 7)	traverser (p. 16)
un pirate (p. 3)	rentrer (p. 11)	soigner (p. 16)	très (p. 4)
une plage (p. 3)	un requin (p. 11)	un soir (p. 19)	un trésor (p. 3)
une plaine (p. 4)	une résidence (p. 15)	le soleil (p. 3)	trop (p. 3)
un plateau (p. 4)	un restaurant (p. 7)	un sommet (p. 19)	trouver (p. 16)
la plongée (p. 11)	rester (p. 8)	une sorcière (p. 3)	un vampire (p. 3)
une pluie (p. 19)	retomber (p. 19)	sortir (p. 8)	venir (p. 7)
plus (p. 8)	se réveiller (p. 19)	sous (p. 19)	un verre (p. 23)
plus... que (p. 11)	rêver (p. 13)	un sous-marin (p. 11)	vers (p. 11)
plutôt (p. 16)	(au) revoir ! (p. 4)	un souvenir (p. 23)	vert(e) (p. 11)
un poisson (p. 3)	un rhinocéros (p. 8)	souvent (p. 20)	un(e) vétérinaire (p. 16)
une pomme (p. 7)	rien (p. 8)	un spectacle (p. 20)	le Vietnam (p. 4)
un portrait (p. 23)	rigolo(te) (p. 7)	un sport (p. 3)	vieux(vieille) (p. 23)
poser (p. 7)	rire (p. 4)	un squelette (p. 23)	une ville (p. 4)
un poulet (p. 4)	une rivière (p. 3)	une star (p. 23)	violet(te) (p. 11)
pour (p. 4)	le riz (p. 4)	un studio (p. 23)	visiter (p. 3)
pourquoi ? (p. 5)	un roi (p. 15)	super ! (p. 3)	vite (p. 11)
pouvoir (p. 3)	un rôle (p. 23)	sur (p. 4)	la vitesse (p. 20)
premièr(e) (p. 15)	un roman (p. 16)	(bien) sûr (p. 24)	vive ! (p. 4)
prendre (p. 4)	rose (p. 13)	une table (p. 7)	vivre (p. 4)
présenter (p. 24)	rouge (p. 11)	une taille (p. 11)	voici (p. 7)
une présentatrice (p. 23)	une route (p. 4)	un tapis (p. 11)	voilà (p. 7)
prêt(e) (p. 7)	le sable (p. 11)	une tarte (p. 7)	voir (p. 3)
un prince (p. 15)	un safari-photo (p. 2)	un téléspectateur (p. 23)	volant(e) (p. 11)
se promener (p. 7)	une salle (p. 26)	télévisé(e) (p. 24)	un volcan (p. 15)
proposer (p. 26)	une sardine (p. 7)	une télévision (p. 23)	voler (p. 11)
protéger (p. 12)	sauter (p. 20)	le temps (p. 20)	vouloir (p. 3)
la Provence (p. 7)	sauvé(e) (p. 20)	la Terre (p. 19)	un voyage (p. 4)
puis (p. 4)	une savane (p. 19)	le thé (p. 23)	vrai(e) (p. 16)
une pyramide (p. 3)	savoir (p. 4)	tiens ? (p. 7)	vraiment (p. 16)
quand ? (p. 26)	un savon (p. 15)	timide (p. 7)	un zoo (p. 15)
le Québec (p. 3)	les Schtroumpfs (p. 23)	Tintin (p. 23)	

Édition : Martine Ollivier
Illustrations : Jean-Claude Bauer, Isabelle Rifaux
Mise en page : Planète Publicité
N° d'éditeur : 10163936
Dépôt légal : Octobre 2009
Imprimé en France par France Quercy
N° d'impression : 91554